メシが食える大人になる！

もっと よのなかルールブック

花まる学習会 代表
高濱正伸 監修
林ユミ 絵

日本図書センター

これからのよのなかを生《い》きるきみたちへ

この本《ほん》を手《て》にとってくれて、ありがとう。ぼくは、花《はな》まる学習会《がくしゅうかい》という塾《じゅく》をやっている高濱正伸《たかはままさのぶ》です。

ぼくはこれまで、たくさんのこどもたちと出会《であ》ってきたけれど、ずっと変《か》わらないポリシーがあります。それは、こどもたちに「本音《ほんね》で」「真《ま》っ正面《しょうめん》から」向《む》きあうこと。きれいごとではない「正直《しょうじき》なことば」を伝《つた》えること。

この本《ほん》は、そんなぼくのポリシーに基《もと》づいて、「大人《おとな》になる前《まえ》に知《し》っておいてほしい50の大切《たいせつ》なこと」をルールにしてまとめたものです。

「人《ひと》をきずつけてはいけない」「みんなにやさしくしましょう」という教《おし》えはもちろん正《ただ》しいけれど、それだけでは厳《きび》しいよのなかを生《い》き抜《ぬ》くことはできない。

人《ひと》にはずるい部分《ぶぶん》やダメな部分《ぶぶん》が必《かなら》ずあって、でも同時《どうじ》に、美《うつく》しい部分《ぶぶん》やたくましい部分《ぶぶん》があって、そのすべてを認《みと》めたり、おもしろがったり、ときには反省《はんせい》したりしながら生《い》きていくしかないのだと思《おも》う。

きみはいま、人生《じんせい》をつくりはじめる場所《ばしょ》にいます。

悩《なや》みや不安《ふあん》があっても、自分《じぶん》の頭《あたま》で考《かんが》え、行動《こうどう》に移《うつ》し、心《こころ》をきたえて、どうか「メシが食《く》える大人《おとな》になる」ことをめざしてください。

そして、きみがきみの人生《じんせい》の主役《しゅやく》として、よのなかを生《い》きていけるように応援《おうえん》しています。

高濱正伸《たかはままさのぶ》

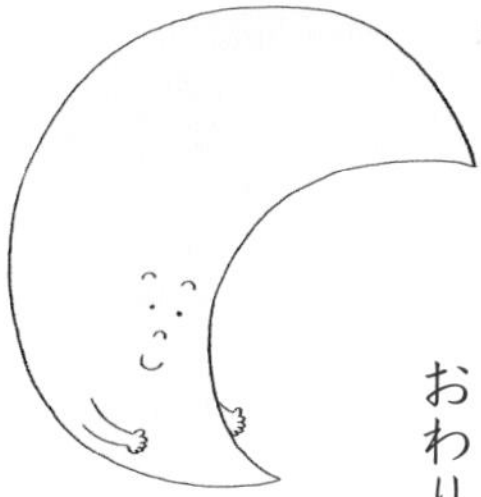

もっとよのなかルール 1

「よのなかの当《あ》たり前《まえ》」を当《あ》たり前《まえ》にやる。

よし！
また明日《あした》!!

まだ遊《あそ》びたいけど…
スイッチオフ
GAME

よのなかを生《い》き抜《ぬ》けるのは、
「当《あ》たり前《まえ》」を当《あ》たり前《まえ》にできる人《ひと》。
約束《やくそく》を守《まも》る。正直《しょうじき》でいる。
人《ひと》に親切《しんせつ》にする。
いつでもきちんとできるって、
じつはすごいことなんだ。

もっとよのなかルール2

成長《せいちょう》は、

「だれか」

とではなく、

「昨日《きのう》の自分《じぶん》」

とくらべる。

やったーー！
昨日《きのう》より
高《たか》くのぼれた!!

自分《じぶん》の成長《せいちょう》を確《たし》かめたいとき、
くらべる相手《あいて》は
「だれか」ではなく、
「昨日《きのう》の自分《じぶん》」だよ。
最大《さいだい》のライバルは
自分自身《じぶんじしん》だから。

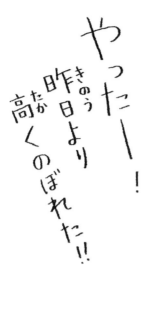

もっとよのなかルール 3

自分《じぶん》で自分《じぶん》の悪口《わるぐち》を言《い》わない。

「ぼくなんか……」
「わたしなんて……」
自分《じぶん》で自分《じぶん》を悪《わる》く言《い》っていると、
ことば通《どお》りの人間《にんげん》になってしまうよ。

もっとよのなかルール 4

あいさつは、どんなときでもだれにでも、平等《びょうどう》に。

落《お》ち込《こ》んでいるときも、
元気《げんき》なときも、
年上《としうえ》の人《ひと》にも、年下《としした》の人《ひと》にも、
あいさつは、いつも同《おな》じようにしよう。
そんなきみを、みんなが見《み》ているよ。

がんばっている人（ひと）の
そばにいる。

よーし！
わたしも！

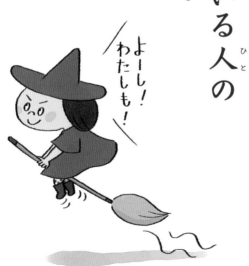

鳥《とり》たちといっしょに
空《そら》を飛《と》びたいんだ

前向《まえむ》きにがんばっている人《ひと》の
そばにいよう。
「自分《じぶん》もがんばろう！」って
気《き》もちになれるから。

もっとよのなかルール 6

相談《そうだん》する相手《あいて》は
きちんと選《えら》ぶ。

悩《なや》みがあるときは、
つい、心地《ここち》いいことばに
飛《と》びつきたくなるもの。
だからこそ、
耳《みみ》の痛《いた》いことばを言《い》ってくれる人《ひと》への
相談《そうだん》も大切《たいせつ》にしよう。

もっとよのなかルール7

自分《じぶん》の「得意技《とくいわざ》」を見《み》つける。

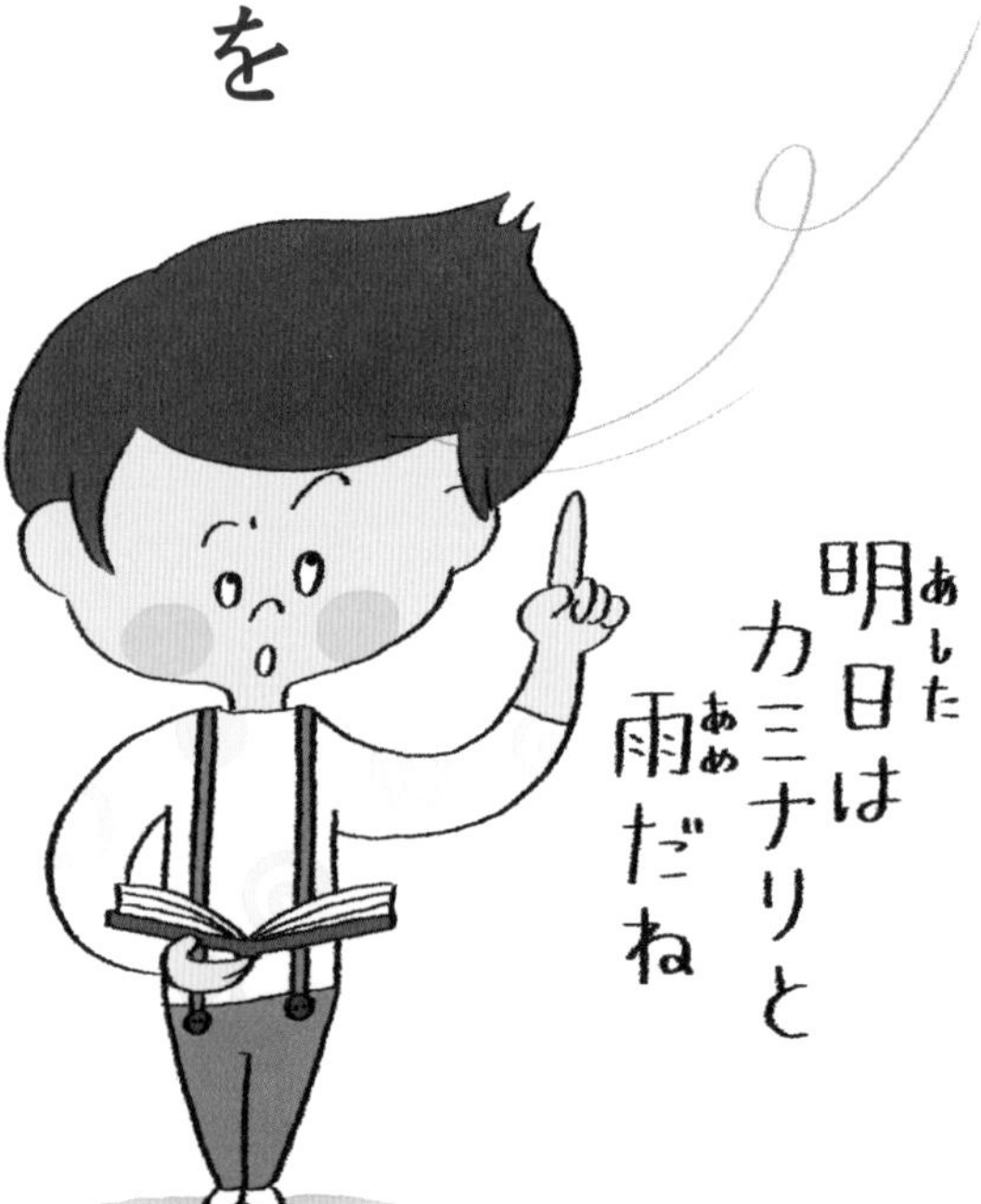
明日《あした》はカミナリと雨《あめ》だね

「これならだれにも負《ま》けない」という
「得意技《とくいわざ》」は、
きみを支《ささ》えてくれる。
たったひとつでいい。
見《み》つけよう。

もっとよのなかルール 8

緊張感《きんちょうかん》を大事《だいじ》にする。
でも、のびのびと
行動《こうどう》する。

背筋《せすじ》をのばして、緊張感《きんちょうかん》をもつ。
ちぢこまらずに、のびのびと行動《こうどう》する。
両方《りょうほう》のバランスを意識《いしき》しよう。

もっとよのなかルール9

「損得《そんとく》」以外《いがい》でも考《かんが》える。

目《め》の前《まえ》の損得《そんとく》だけにとらわれていると、
きみの人生《じんせい》を豊《ゆた》かにしてくれるものを
見《み》のがしてしまうよ。

それでいいのかな〜?
得《とく》

えっ？
ポイッ
ポイ！
損《そん》

もっとよのなかルール10

「忙《いそが》しい」を「楽《たの》しい」に変《か》える。

このあいだは
ありがとうね

あ！
明日《あした》のこと
なんだけど

あのさ

ちょっと教《おし》えてー

うん!
なあに?
土曜日《どようび》にやろう!

忙《いそが》しいのは大変《たいへん》だけど、
それってじつは、きみにたくさんの居場所《いばしょ》があって、
きみがたくさんの人《ひと》に必要《ひつよう》とされているってこと。
じょうずにコントロールして、
忙《いそが》しさを楽《たの》しもう。

次《つぎ》のサッカーの試合《しあい》どうする?

「ホッとやすらげる場所《ばしょ》」をもつ。

ただそこにいるだけで、
なんとなくホッとできる。
そんな場所《ばしょ》を見《み》つけておこう。
心《こころ》を整《ととの》えてくれるよ。

もっと よのなかルール 12

「合《あ》わない」と言《い》って
切《き》り捨《す》てない。
なんとか
「合《あ》わせにいく」。

よのなかには、
きみが「合《あ》わない」と感《かん》じることも
いっぱいある。
でも、それらに対《たい》して、
なんとか「合《あ》わせにいく」のが
生《い》きるってことの中心《ちゅうしん》にあるんだよ。

もっとよのなかルール13

出《だ》されたごはんに文句《もんく》を言《い》わない。

ごはんは文句《もんく》を言《い》わず、
残《のこ》さず食《た》べよう。
それがつくってくれた人《ひと》に
感謝《かんしゃ》の気《き》もちを伝《つた》える
いちばんの方法《ほうほう》だから。

もっとよのなかルール14

ほめことばは素直《すなお》に受《う》け入《い》れる。

ありのみんなは
働《はたら》き者《もの》だねー！
う
れ
し
い
な

だれかがほめてくれたら、
「ありがとう」「うれしい」って、素直《すなお》によろこぼう。
ひかえめにふるまうより、相手《あいて》もきっとうれしいはず。

もっとよのなかルール15

「くやしい」も「うらやましい」も、ちゃんと口《くち》にする。

別《べつ》に勝《か》ちたかったわけじゃないし…
ブツブツ

くやしい

って
言《い》ってごらんよ

で、また
がんばろう!!

「くやしい」「うらやましい」って
ことばは、言《い》いにくい。
だけど、その気《き》もちを
素直《すなお》に吐《は》き出《だ》せば、
心《こころ》がすっきり。
力《ちから》もわいてくるよ。

もっとよのなかルール16

ときどき背伸《せの》びをしてみる。

居心地《いごこち》のいい「いつものレベル」から、
ちょっとキツい「ひとつ上《うえ》のレベル」に行《い》ってみる。
最初《さいしょ》は大変《たいへん》かもしれないけど、
その「背伸《せの》び」が、成長《せいちょう》の種《たね》になるんだ。

よーし!
いつもより
おもりを
増《ふ》やして
チャレンジ!!

もっと
よのなかルール
17

「習《なら》っていない」を言《い》いわけにしない。

よのなかは
学校《がっこう》で習《なら》っていないことだらけ。
「習《なら》っていない」は通用《つうよう》しない。
だから、「習《なら》っていない」を
やらない理由《りゆう》にするのはやめて、
まずは、自分《じぶん》なりにチャレンジ！

もっと よのなかルール 18

いまいる場所《ばしょ》を とことん楽《たの》しみきる。

空気《くうき》も
きれいだよ
えっ？
全《ぜん》然《ぜん》♪
がけで
暮《く》らすって
大変《たいへん》だね…

「せっかくだから、楽《たの》しまないと！」という気《き》もちで
いまいる場所《ばしょ》をとことん楽《たの》しみきろう。
「お金《かね》がない」「時代《じだい》が悪《わる》い」「親《おや》が理解《りかい》してくれない」
なんてグチをこぼしてばかりでは、
人生《じんせい》がもったいないよ。

もっとよのなかルール19

見《み》えていない「大切《たいせつ》なもの」に目《め》をこらす。

おばあちゃん
本当《ほんとう》は
さびしいだろうな・・・

「大切《たいせつ》なもの」に気《き》づけるように、
見《み》えていないものに目《め》をこらそう。
目《め》に見《み》えているものだけが
正《ただ》しいわけじゃないし、
価値《かち》があるわけじゃないんだ。

ふふふ
元気《げんき》だよ〜
例《たと》えば
おばあちゃんの
気《き》もち

もっとよのなかルール
20

人《ひと》の役《やく》に立《た》つよろこびを経験《けいけん》する。

だれかに「ありがとう」と言《い》われる経験《けいけん》を
いまのうちにたくさんしておこう。
人《ひと》の役《やく》に立《た》つことを
「うれしい」と感《かん》じられる大人《おとな》になれるよ。

もっとよのなかルール21

自分《じぶん》と同《おな》じように、
相手《あいて》にも
ルールがあることを
認《みと》める。

きみの「こうするべき」と
相手《あいて》の「こうするべき」が
同《おな》じとはかぎらない。
人《ひと》にはそれぞれ
ルールがあるってことを
忘《わす》れないで。

もっとよのなかルール
22

「常識《じょうしき》」が異《こと》なる人《ひと》に、心《こころ》を開《ひら》いてみる。

いっしょにお散歩《さんぽ》しない？
えっ?! ……い、いいよ

相手《あいて》をきらい、苦手《にがて》と思《おも》うのは、
自分《じぶん》と「常識《じょうしき》」がちがうから。
そういう相手《あいて》にこそ、心《こころ》を開《ひら》いてみよう。
自分《じぶん》の世界《せかい》を広《ひろ》げることにつながるよ。

もっとよのなかルール23

「やさしさだけでは生《い》きていけない」と知《し》っておく。

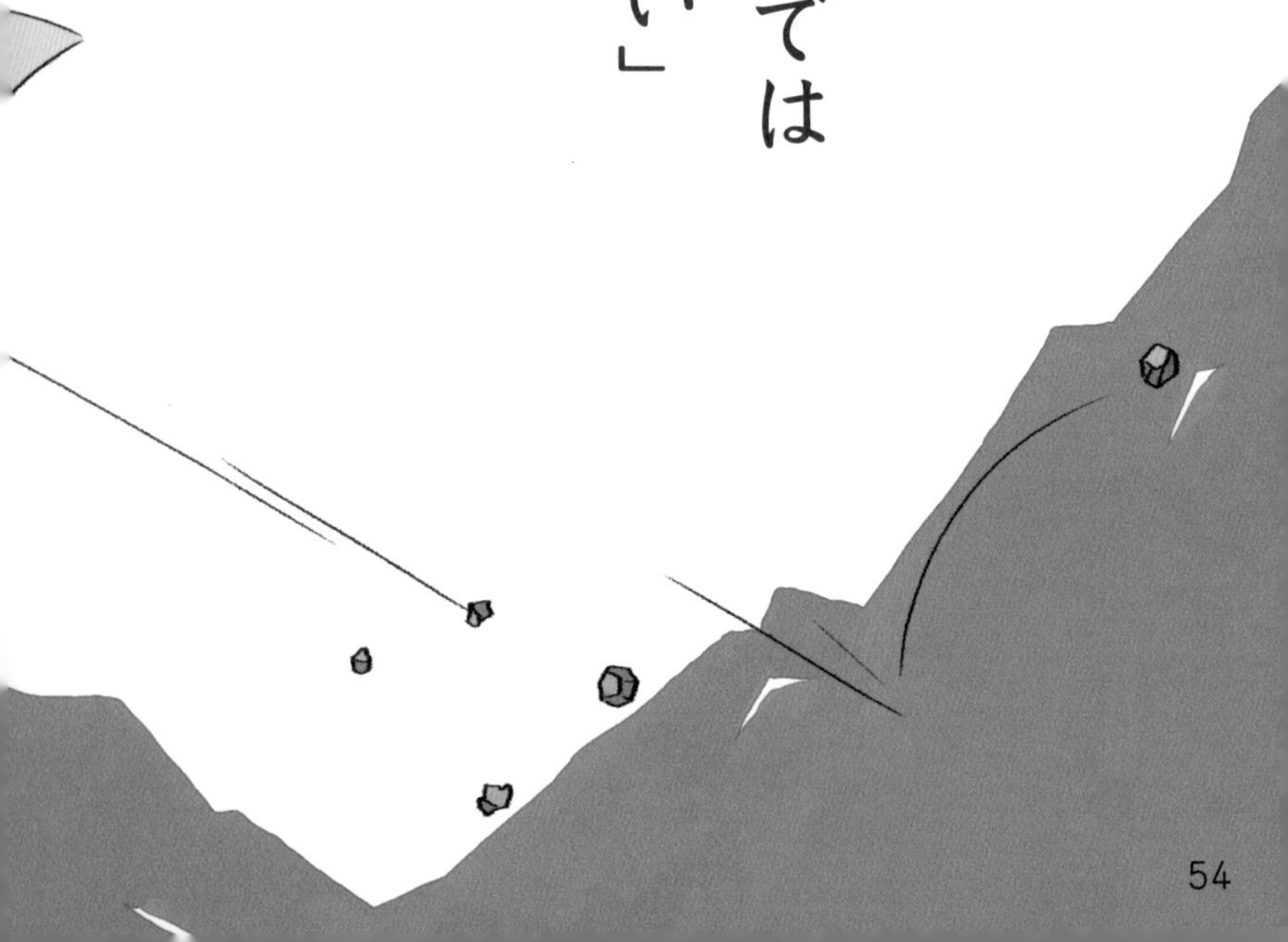

人《ひと》を思《おも》いやるやさしさ。
何度《なんど》でも立《た》ち上《あ》がる強《つよ》さ。
その両方《りょうほう》が、人生《じんせい》を生《い》き抜《ぬ》く武器《ぶき》になるんだ。

もっとよのなかルール
24

悩《なや》んでいる自分《じぶん》に酔《よ》わない。

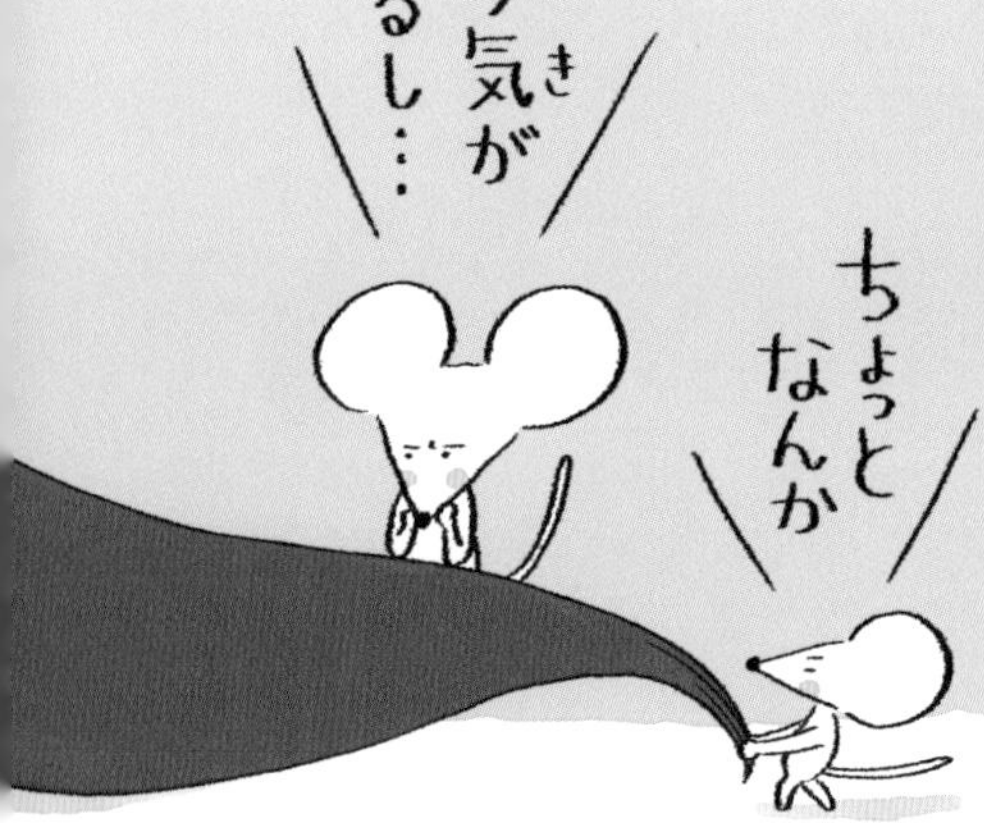
ちょっとなんか
ちがう気《き》がするし…

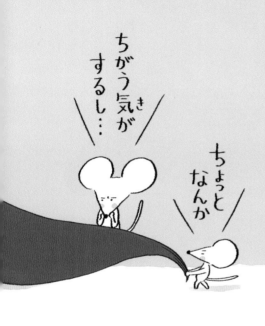

きみが悩《なや》むのは、
ものごとと真剣《しんけん》に向《む》きあっている証拠《しょうこ》。
だから、悩《なや》むときは、とことん悩《なや》んだほうがいい。
でも、悩《なや》んでいるうちに、
そんな自分《じぶん》に酔《よ》ってしまうことがあるから、
注意《ちゅうい》が必要《ひつよう》だよ。

もっとよのなかルール25

信用《しんよう》という貯金《ちょきん》をしっかりためる。

信用《しんよう》は、貯金《ちょきん》みたいに
「ためる」ことができる。
相手《あいて》の心《こころ》のなかにためた信用《しんよう》は、
いざというときに
きみを助《たす》けてくれるよ。

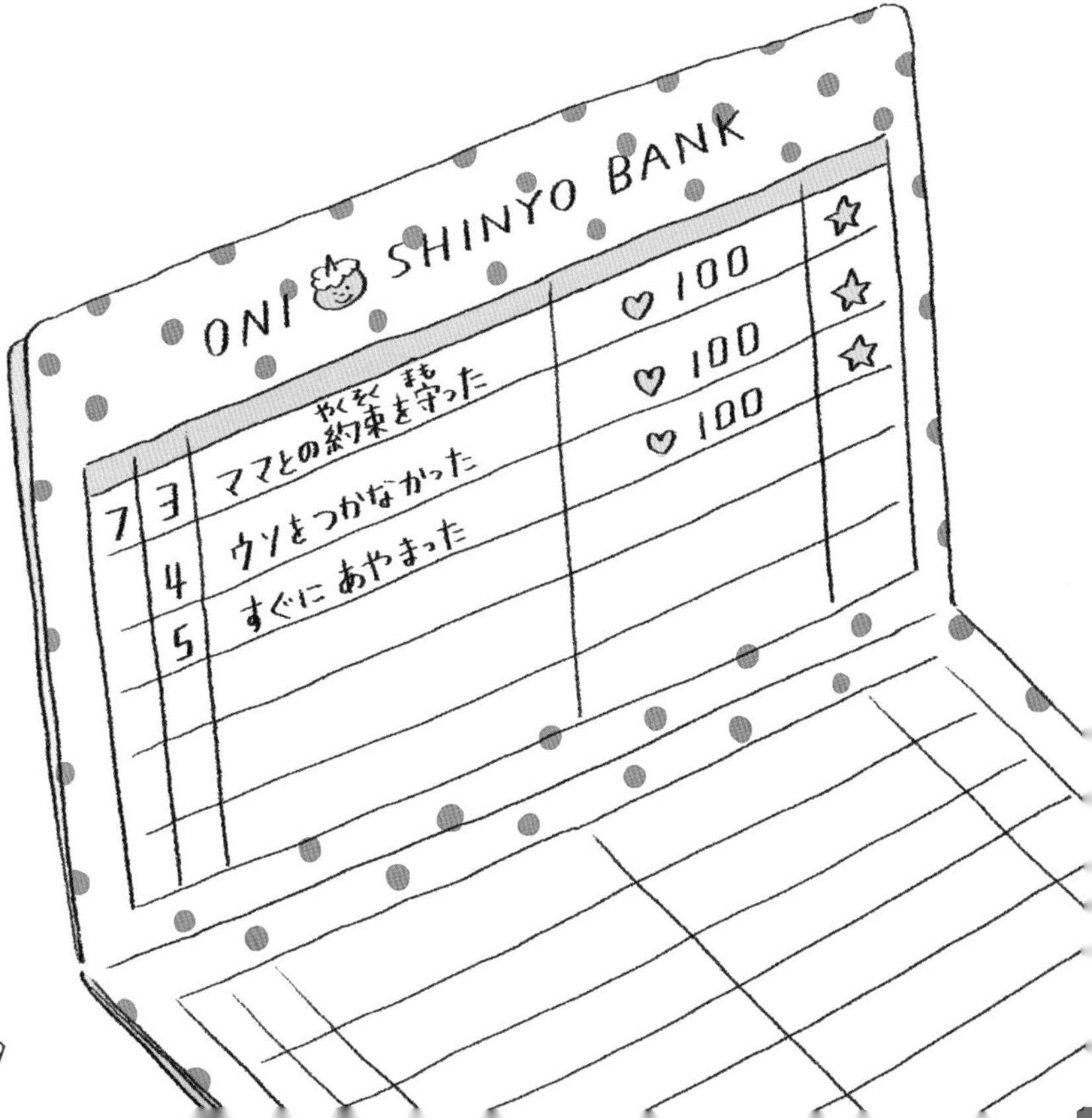

もっとよのなかルール26

ニュースを見《み》る。そして、考《かんが》える。

NEWS
TODAY
南極《なんきょく》で20℃超《ご》えの気温《きおん》が観測《かんそく》されました…

温暖化《おんだんか》のせいかな？
ペンギンはだいじょうぶ？
海《うみ》の水《みず》が増《ふ》えちゃう？
もしかして洪水《こうずい》!?
そしたら、海《うみ》で遊《あそ》べなくなっちゃうのかな？

1日《にち》にひとつ、興味《きょうみ》のあるニュースを
見《み》て、考《かんが》えて、意見《いけん》をことばにしてみよう。
すべてのニュースは、他人事《たにんごと》なんかじゃない。
きみとつながっているんだ。

もっとよのなかルール 27

何《なに》をするにも「テキパキ感《かん》」！

よのなかでは、
スピードが足《た》りないとおいていかれることがある。
サクサク歩《ある》く、スラスラ書《か》く、ハキハキ答《こた》える……
そんなテキパキ感《かん》を忘《わす》れずに！

もっとよのなかルール
28

「やる気《き》」は自分《じぶん》からむかえにいく。

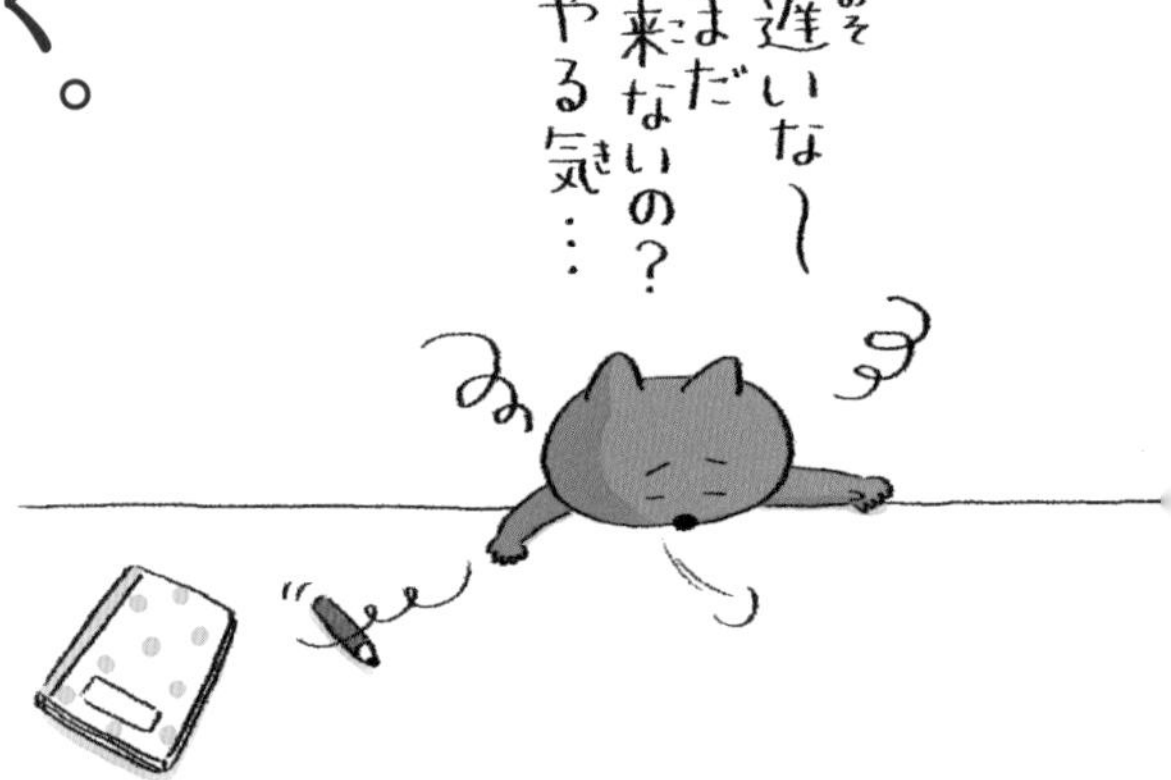
遅《おそ》いな〜
まだ来《こ》ないの？
やる気《き》…

やる気《き》を出《だ》す
たったひとつの方法《ほうほう》は、
「まず、ちょっとやってみる」ということ。
何《なに》もやらずに待《ま》っていても、
やる気《き》はやってきて
くれないよ。

もっとよのなかルール29

「一《いっ》発《ぱつ》逆《ぎゃく》転《てん》」で勝《か》とうとしない。

今日《きょう》1日《にち》で覚《おぼ》えようと思《おも》ってたのに～～

テスト明日《あした》だよ
毎日《まいにち》3つずつ覚《おぼ》えたら
ムリなくできたはずじゃよ

いつも努力《どりょく》していない人《ひと》が
あとで一気《いっき》に巻《ま》き返《かえ》せるほど、
よのなかはあまくない。
毎日《まいにち》努力《どりょく》を積《つ》み重《かさ》ねよう。

もっとよのなかルール 30

どんなことでも本気《ほんき》になる。

人生《じんせい》でいちばんつまらないのは、中途半端《ちゅうとはんぱ》なこと。
だってそれは、
本気《ほんき》の楽《たの》しさを知《し》らないってことだから。
与《あた》えられた役割《やくわり》に、本気《ほんき》で取《と》り組《く》んでみよう。

仮《か》装《そう》大《たい》会《かい》
やりだしたら
楽《たの》しくなって
きちゃったよ♫
へへへ♡

「今日《きょう》だけ」に注意《ちゅうい》する。

たった1度《ど》の「今日《きょう》だけ」が
2度《ど》、3度《ど》の「今日《きょう》だけ」に
なっていくんだ。
小《ちい》さな油断《ゆだん》をあまく見《み》ないで。

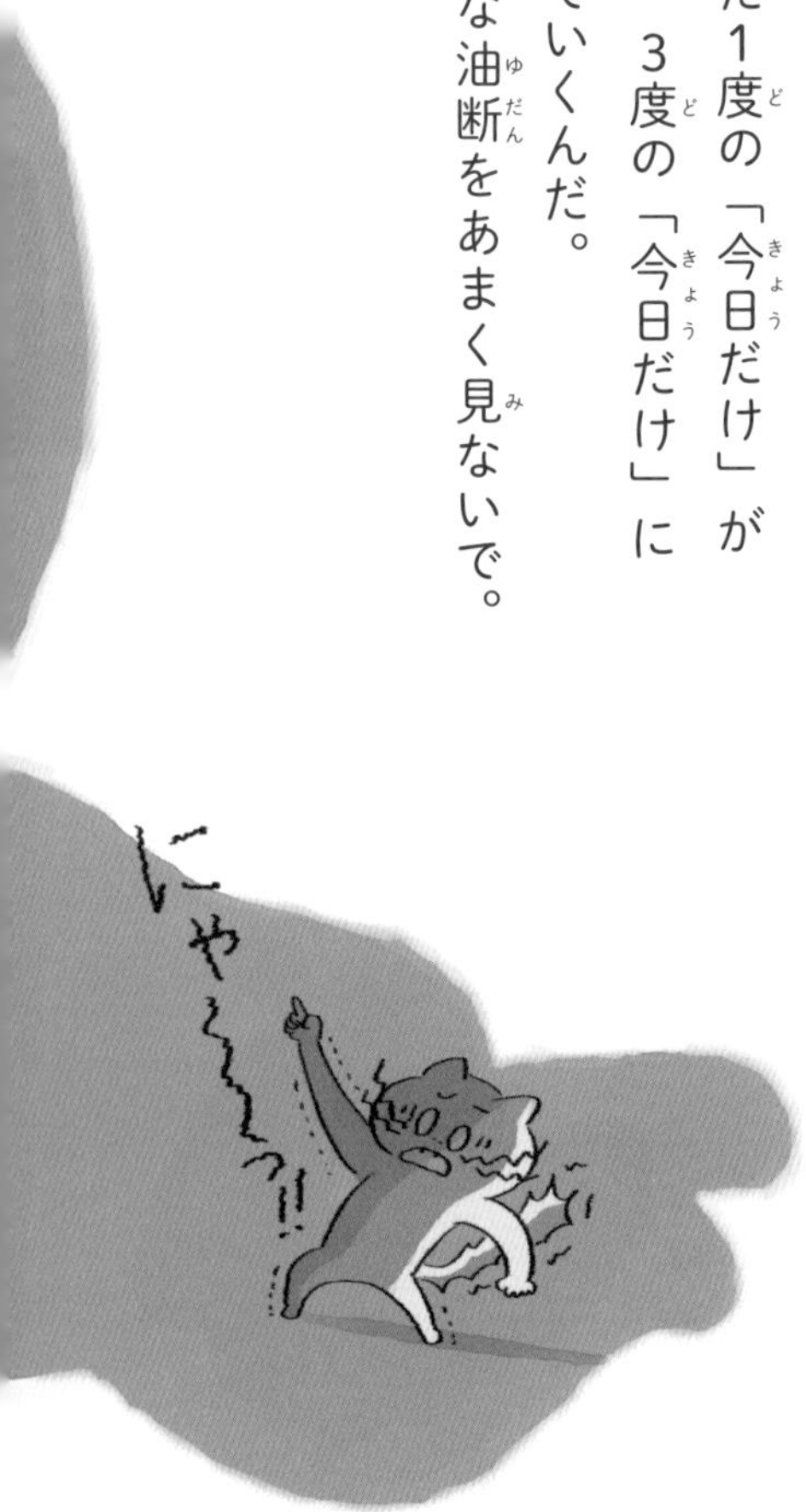

キョウダケ
キョウダケ
今日《きょう》だけ
修業《しゅぎょう》
や〜すも〜

もっとよのなかルール 32

「みんなといっしょ」に安《あん》心《しん》しない。

「みんなといっしょだからだいじょうぶ」って、
考《かんが》えるのをやめてしまっていない？
「自分《じぶん》がどう考《かんが》えるか」を
大切《たいせつ》にしよう。

もっとよのなかルール
33

人《ひと》を変《か》えるより、自分《じぶん》が変《か》わったほうが「ラク」だと知《し》る。

他人《たにん》を変《か》えるのは、とても難《むずか》しい。
それならまずは、自分《じぶん》を変《か》えてみよう。
きみの変化《へんか》が伝《つた》わって、
自然《しぜん》とまわりも変《か》わっていくよ。

やあ♪
ニコニコ

もっとよのなかルール 34

健康《けんこう》に気《き》をつける。大事《だいじ》な人《ひと》のためにも。

おとうと
お母《かあ》さん
お父《とう》さん

ニャンパパ
ニャンママ

健康《けんこう》に気《き》をつけるのは、だれのため？
もちろん、自分《じぶん》のため。
そして、きみの大事《だいじ》な人《ひと》や、
きみを大事《だいじ》に思《おも》ってくれる人《ひと》のため。

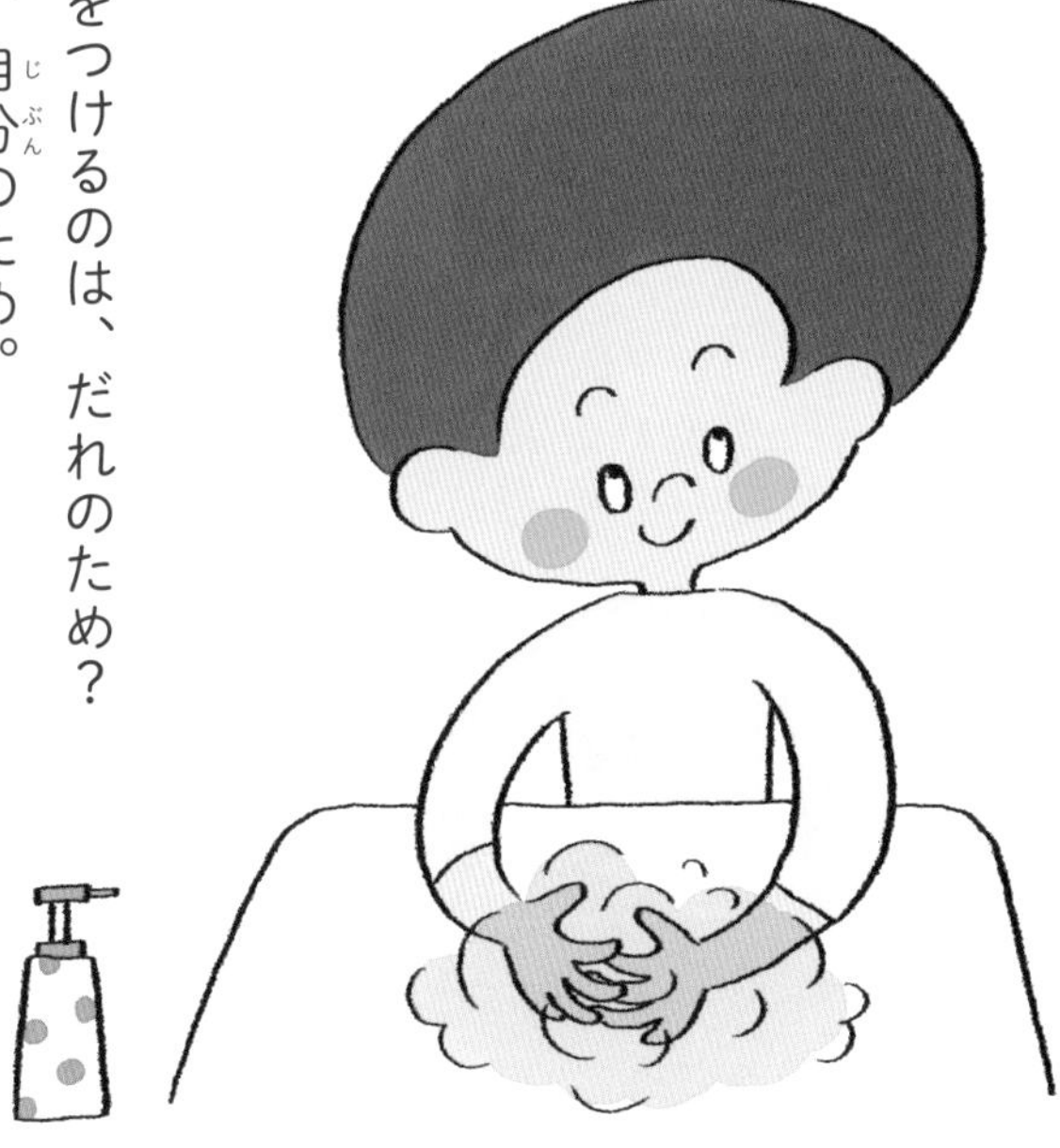

「あなたといると楽《たの》しい！」と言《い》われるくらい、楽《たの》しい時間《じかん》をつくる。

たくさんの人《ひと》じゃなくていい。
「目《め》の前《まえ》のひとり」を
全力《ぜんりょく》で楽《たの》しませてみよう。
そのひとりが
「楽《たの》しい！」と言《い》ってくれれば、
人生《じんせい》はいまよりすてきなものになるよ。

もっとよのなかルール36

親《おや》をいたわる側《がわ》にまわる。

いつか、親《おや》の弱《よわ》さや矛盾《むじゅん》が
見《み》える日《ひ》がやってくる。
それは、きみが成長《せいちょう》した証拠《しょうこ》。
そのときは「いたわる側《がわ》」にまわって、
いままでの分《ぶん》をお返《かえ》ししよう。

もっとよのなかルール 37

家族《かぞく》からはなれる日《ひ》を想像《そうぞう》する。

いつか、家族《かぞく》のもとをはなれる日《ひ》がやってくる。
家族《かぞく》といられる時間《じかん》は「ずっと」じゃないんだ。
そのことを忘《わす》れず、
いまのうちに、思《おも》いっきり味《あじ》わおう。

もしもし お母《かあ》さん
久《ひさ》しぶり 元気《げんき》にしてる？
そっか…ママもこどものときは 自分《じぶん》のママとパパと 暮《く》らしてたんだよな

もっとよのなかルール38

人《ひと》を好《す》きになることは、「最高《さいこう》の勉強《べんきょう》」だと知《し》る。

あの子《こ》も
この花《はな》
好《す》きかなー？

だれかを好《す》きになると、
相手《あいて》の気《き》もちを理解《りかい》しようと一生懸命《いっしょうけんめい》になる。
自分《じぶん》と他人《たにん》が全然《ぜんぜん》ちがうことも知《し》る。
そんな学《まな》びは、よのなかに出《で》ても役《やく》に立《た》つよ。

もっとよのなかルール39

「おしゃれ」は自分《じぶん》のために。「身《み》だしなみ」は相手《あいて》のために。

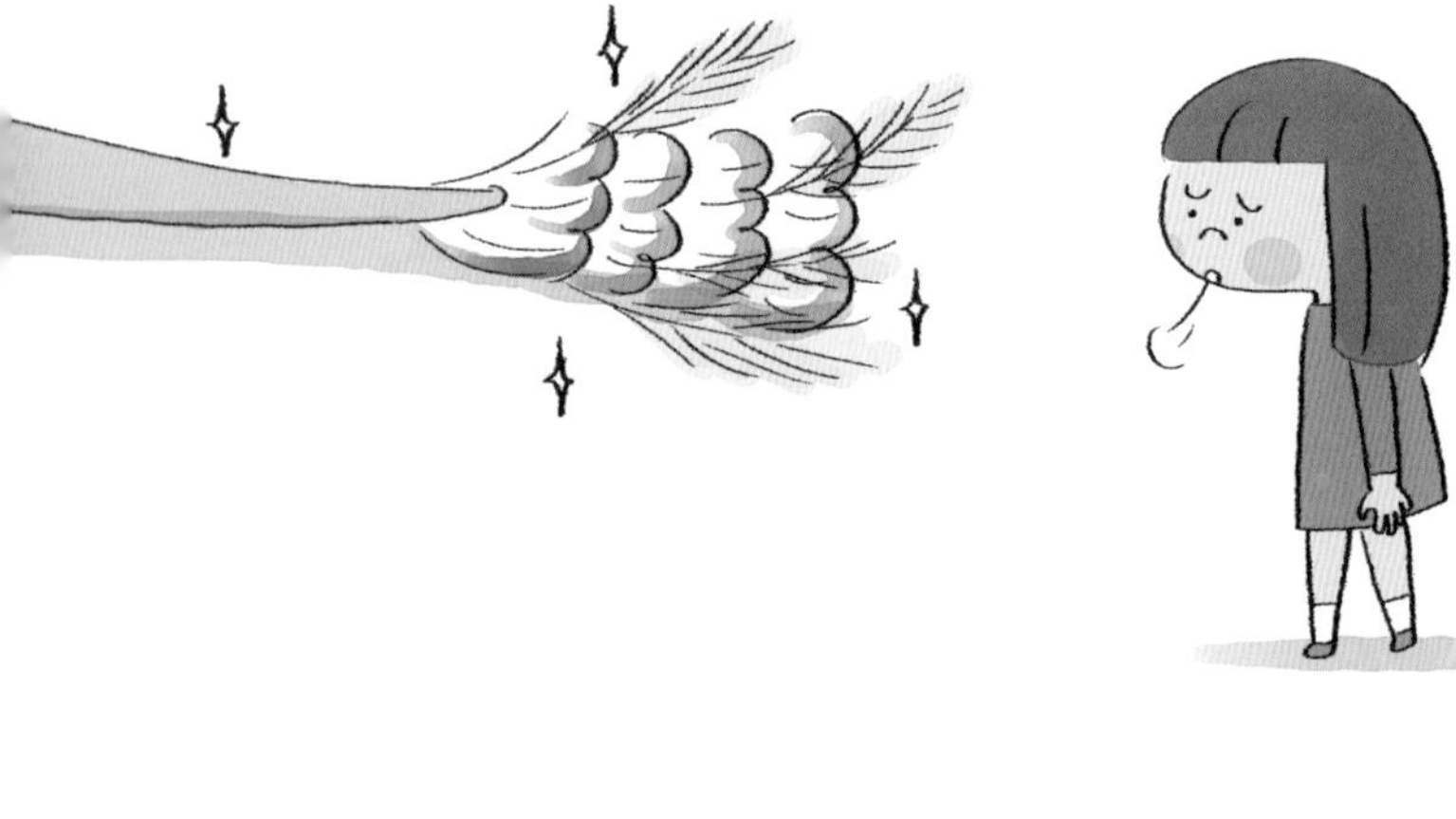

「身《み》だしなみ」を整《ととの》えるのは、
相手《あいて》をいやな気《き》もちにさせないためのマナー。
自分《じぶん》をすてきに見《み》せるための「おしゃれ」とは
区別《くべつ》しよう。

もっとよのなかルール40

「高《たか》い」「安《やす》い」でモノの価値《かち》を判断《はんだん》しない人《ひと》になる。

このセーターね
ママのママも
着《き》てたのよ♪
へぇー
だからママの
宝物《たからもの》なんだね

モノの本当《ほんとう》の価値《かち》は、
値段《ねだん》だけではわからない。
「自分《じぶん》がそれを好《す》きかどうか」
「どれくらい必要《ひつよう》か」、
自分《じぶん》だけの「モノサシ」を
もった人《ひと》になろう。

ぼくにとっては
集中《しゅうちゅう》できる
えんぴつなんだ♫

もっとよのなかルール41

「知《し》っている」と「わかっている」を区別《くべつ》する。

あ～、あれね
ネットで見《み》た！

インターネットで調《しら》べただけで
「わかっている」気《き》になるのはまちがいだよ。
それは、ただ「知《し》っている」だけ。
自分《じぶん》の頭《あたま》で考《かんが》えたり、自分《じぶん》のからだで経験《けいけん》したりして
はじめて「わかっている」になるんだ。

あっ！それ ネットで調《しら》べたから知《し》ってるぅ〜
えっ？
やってみた？
…で？

もっとよのなかルール 42

「学《まな》びは一生《いっしょう》続《つづ》くもの」と知《し》っておく。

学《まな》びは、学校《がっこう》を卒業《そつぎょう》してからも続《つづ》くもの。
問《と》いも答《こた》えもないよのなかで、
自分《じぶん》で問題《もんだい》を見《み》つけて、
その答《こた》えを自分《じぶん》で考《かんが》えられるようになることこそ、
本当《ほんとう》の「学《まな》び」だから。

いまも毎日《まいにち》勉強《べんきょう》よ〜
えっ?! おばあちゃんすごい!!

もっとよのなかルール43

「力《ちから》を貸《か》してあげたいな」と思《おも》ってもらえる人《ひと》になる。

人《ひと》の力《ちから》を借《か》りるために必要《ひつよう》なのは、
目標《もくひょう》に対《たい》する情熱《じょうねつ》。
ひたむきな努力《どりょく》。
素直《すなお》な心《こころ》。
だれかが応援《おうえん》したくなるきみになろう。

ファイト〜
コーチに習《なら》った通《とお》り前《まえ》を見《み》て・・・
よかったらこれどうぞ

もっとよのなかルール44

まわりの人《ひと》の小《ちい》さな変化《へんか》に気《き》づく、伝《つた》える。

うれしそうだね♡
何《なに》かあったの？

わかる？
あのね
今日《きょう》いとこが
遊《あそ》びに来《く》るんだ！

まわりの人《ひと》を、いつもちゃんと見《み》ていよう。
そして、気《き》づいたことをことばにしよう。
だれだって、
「自分《じぶん》を気《き》にかけてくれてるんだな」って
感《かん》じられるとうれしいから。

前髪《まえがみ》の
分《わ》け目《め》
変《か》えた？
えっ?!
わかる？
うれしい！

もっとよのなかルール 45

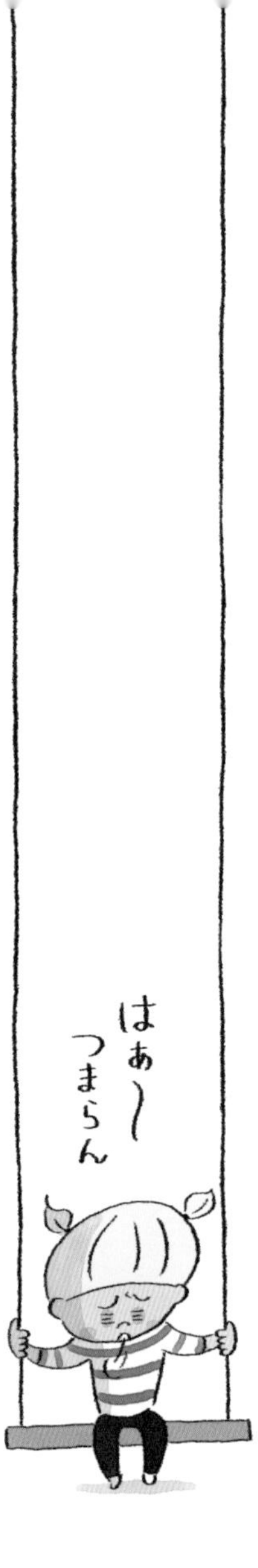

「つまらない」なら、自分《じぶん》でおもしろくする。

自分《じぶん》でこいでみなよ！
キャハハハー！♡

「自分《じぶん》以外《いがい》の人《ひと》やものが、
自分《じぶん》を楽《たの》しませてくれるはず」
なんて思《おも》っていない？
「つまらない」なら、
おもしろい何《なに》かを
自分《じぶん》でつくりだすしかないんだ。

もっとよのなかルール46

「もめごとは肥《こ》やし」と考《かんが》える。

人《ひと》とぶつかることを怖《こわ》がらなくていい。
そういう経験《けいけん》が、
きみを育《そだ》ててくれるよ。

ぼくはこう思《おも》うんだ
わたしはちがう意見《いけん》だな
ぶつかりあって育《そだ》ってるなぁ〜

もっとよのなかルール47

たまには「よい子《こ》」をやめてみる。

まわりの期《き》待《たい》にこたえようとしすぎると、
息苦《いきぐる》しくなってしまうよ。
「たまにはがっかりされてもいい」
そんな気《き》もちももっておこう。

たまにはいいよね♥
今日《きょう》はのんびりお楽《たの》しみデーなの♫
ル～ルルル～
ニャ
ニャ～

もっとよのなかルール 48

悩《なや》みや不安《ふあん》で
いっぱいになったら、
すぐに寝《ね》る。

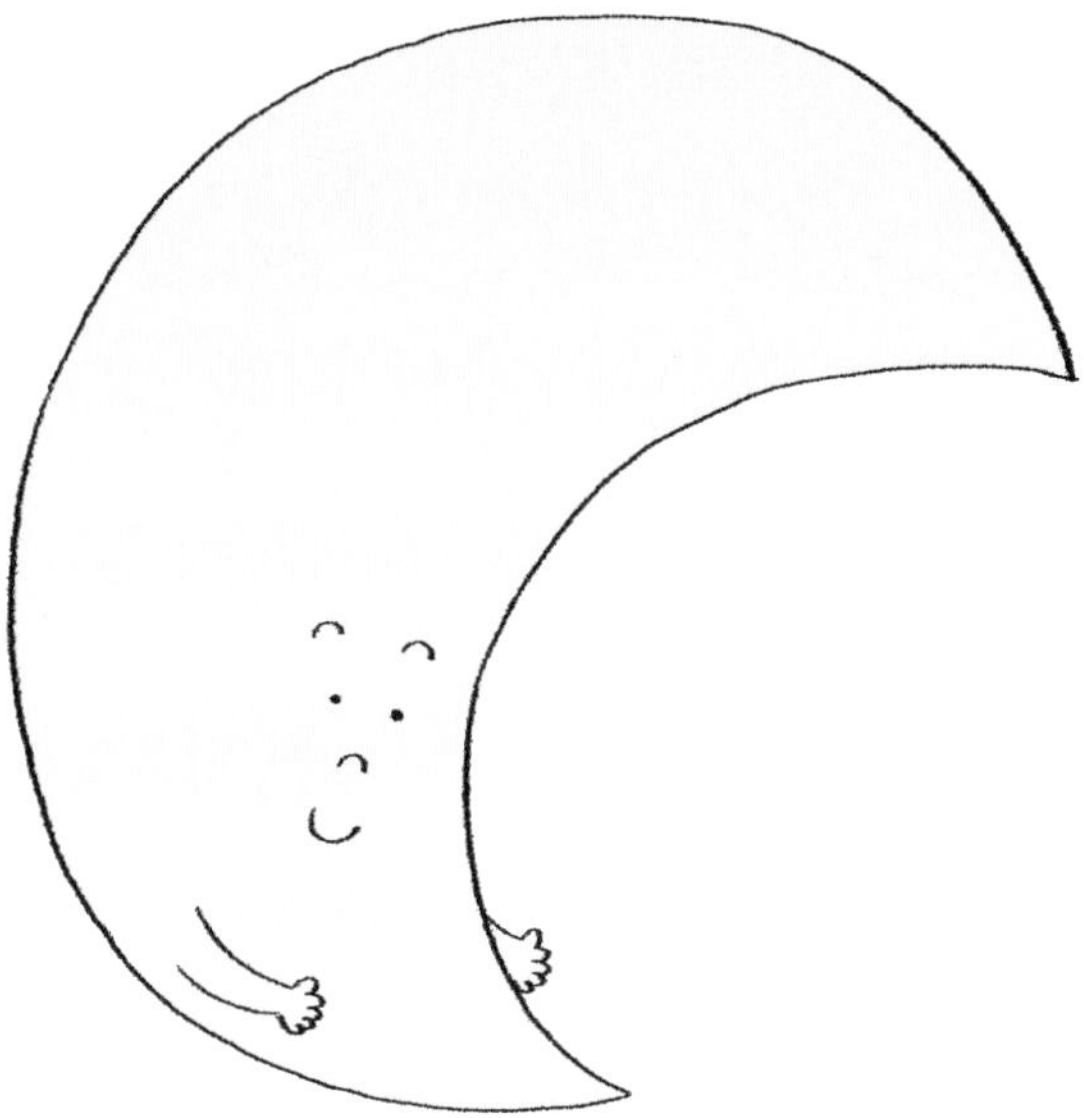

寝《ね》ているあいだに、
頭《あたま》は考《かんが》えを整理《せいり》してくれる。
からだは力《ちから》を回復《かいふく》してくれる。
寝《ね》れば、今日《きょう》よりいい明日《あした》が
やってくるよ！

もっとよのなかルール
49

選《えら》んだ道《みち》を自分《じぶん》で「正解《せいかい》」にする。

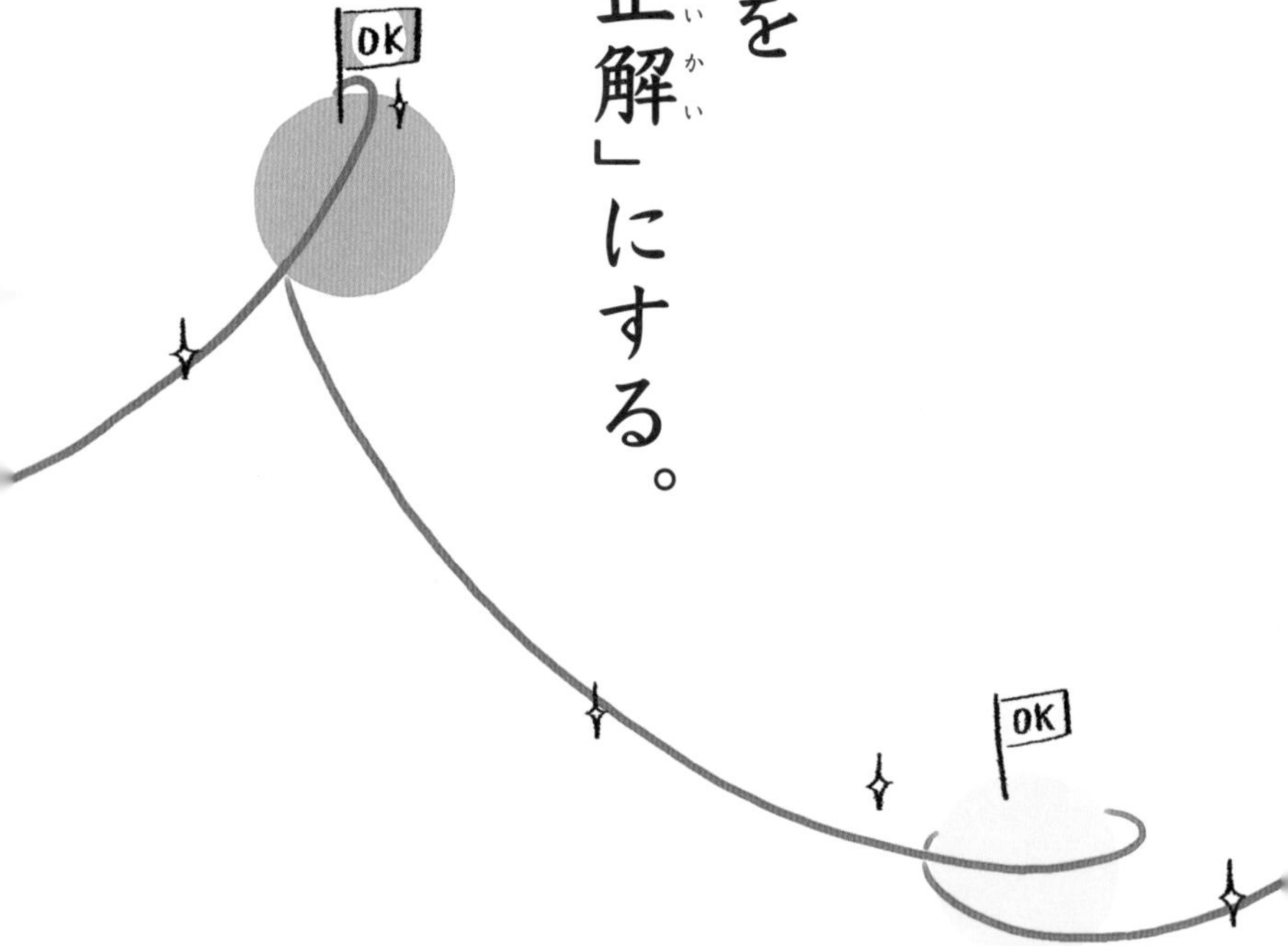

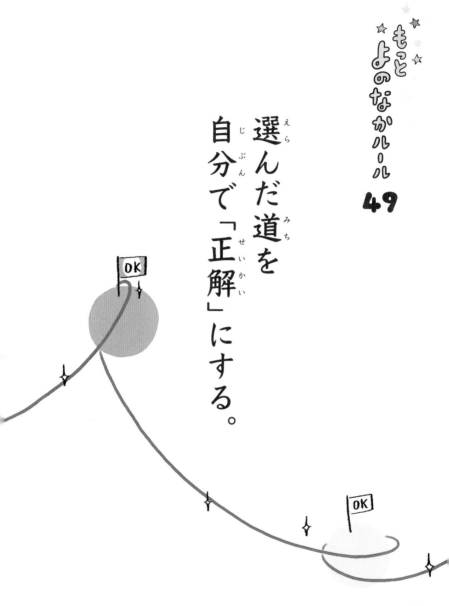

人生《じんせい》の選択《せんたく》に「正解《せいかい》」なんて、ない。
だからこそ大事《だいじ》なのは、
自分《じぶん》が選《えら》んだ道《みち》を
自分《じぶん》の努力《どりょく》で正解《せいかい》にすることなんだ。

もっとよのなかルール 50

よのなかは
そんなにあまくない。
それでも、
「この世界《せかい》はいいもの」と
信《しん》じる。

生《い》きていれば、
「何《なに》もかもいや！」って
気《き》もちになることがあるかもしれない。
でも、いいことは、必《かなら》ずやってくる。
きみのことを
わかってくれる人《ひと》は、必《かなら》ずいる。
そのことを忘《わす》れないで。

おわりに

この本《ほん》は、『メシが食《く》える大人《おとな》になる！　よのなかルールブック』という本《ほん》の第《だい》2弾《だん》です。第《だい》1弾《だん》を出《だ》したとき、本《ほん》の内容《ないよう》が厳《きび》しすぎたかな、難《むずか》しすぎたかなと、じつはぼくは少《すこ》し心配《しんぱい》していました。

でも、ぼくの心配《しんぱい》はすぐよろこびに変《か》わりました。なぜなら、本《ほん》を読《よ》んでくれた小学生《しょうがくせい》や中学生《ちゅうがくせい》が

「なんだか勇気《ゆうき》がわいてきた」
「大人《おとな》ってすごいんだなって思《おも》った」
「将来《しょうらい》に役立《やくだ》ちそうなことがたくさん書《か》いてあった」

といった感想《かんそう》をもってくれたからです。

ぼくは、自分《じぶん》のメッセージを、こどもたちがちゃんと受《う》け取《と》ってくれたことが本当《ほんとう》にうれしかった。そして、こど

もたちが自分《じぶん》の人生《じんせい》や将来《しょうらい》にしっかり向《む》きあっていることが、とてもたのもしかった。大《おお》げさに聞《き》こえるかもしれないけれど、日本《にほん》の明《あか》るい未来《みらい》を見《み》た気《き》がしました。

だから、自信《じしん》をもって、

きみたちは、素直《すなお》で、真剣《しんけん》で、たくましい。

弱《よわ》い自分《じぶん》と戦《たたか》い、強《つよ》くあろうとするきみたちは、「メシが食《く》える大人《おとな》」にきっとなれる。

そう思《おも》いながら、この本《ほん》でも50のルールをまとめました。

きみたちがツライことも苦《くる》しいこともはねのけて、しなやかに生《い》きていってくれることを願《ねが》っています。

高濱正伸《たかはままさのぶ》

監修者紹介

高濱 正伸（たかはま・まさのぶ）

「メシが食える大人に育てる」という理念のもと、「作文」「読書」「思考力」「野外体験」を主軸にすえた学習塾「花まる学習会」を設立。保護者などを対象にした講演会は、参加者が年間30000人を超える。

「情熱大陸」（毎日放送）、「カンブリア宮殿」「ソロモン流」（いずれもテレビ東京）など、数多くのテレビ番組に紹介されて大反響。「週刊ダイヤモンド」（ダイヤモンド社）、「AERA with Kids」（朝日新聞出版）などの雑誌にも多数登場している。

『よのなかルールブック』『おやくそくえほん』（いずれも日本図書センター）、『伸び続ける子が育つお母さんの習慣』（青春出版社）、『わが子を「メシが食える大人」に育てる』（廣済堂出版）など、著書多数。

●装画・本文イラスト　林ユミ（アジアンプラネット）
●ブックデザイン　辻中浩一　小池万友美（ウフ）
●編集　日本図書センター（高野愛実）

メシが食える大人になる！
もっと よのなかルールブック

2020年 9月25日　初版第1刷発行
2022年 3月30日　初版第4刷発行

監修者　高濱正伸
発行者　高野総太
発行所　株式会社日本図書センター
〒112-0012　東京都文京区大塚3-8-2
電話　営業部　03-3947-9387
出版部　03-3945-6448
http://www.nihontosho.co.jp
印刷・製本　図書印刷株式会社

ISBN978-4-284-20476-7 C8037